AF253603

RÉFLEXIONS

SUR

LES ÉLECTIONS DE 1830,

Par M. le vicomte Emmanuel d'Harcourt,

membre du conseil royal d'agriculture et de la société
royale et centrale d'agriculture.

PARIS,

IMPRIMERIE DE COSSON,

Rue Saint-Germain-des-Prés, n° 9.

1830.

RÉFLEXIONS

SUR

LES ÉLECTIONS DE 1830.

Au moment où les esprits sont préoccupés de la formation d'une nouvelle chambre des Députés, il me semble utile d'examiner de sang froid, s'il est possible, la situation actuelle de la France, et de bien déterminer ce qui manque à son bonheur, afin d'y remédier par un accord d'efforts et de sentimens.

Depuis le commencement du monde jusqu'au déluge, l'histoire ne nous a pas transmis d'exemple d'un gouvernement représentatif.... Il est à présumer que précédemment les élémens étaient en état de république, ce qui produisait le chaos. Depuis ces époques incertaines, nous

n'avons eu pour modèle d'un système monarchique modifié, que le gouvernement anglais,
et c'est celui qui, dans beaucoup de circon-
stances, peut uniquement nous servir de bous-
sole pour diriger notre barque politique vacil-
lante comme l'aiguille aimantée qui permet au
navigateur de se livrer à l'immensité des
mers.

Une réflexion bien simple vient se présenter
à l'observateur qui médite sur la prospérité de
sa patrie..... Pourquoi, depuis le commencement
du monde, n'a-t-il existé qu'un seul gouvernement représentatif.... celui de l'Angleterre ?...

En voici la cause..... C'est que les passions
humaines s'opposent à sa marche uniforme;
c'est que les ambitions, les vanités, les prétentions, les rivalités, toutes les passions humaines entravent le vœu du législateur.

En effet, si nous examinons la situation
actuelle de la France, et que nous la comparions
à celle de tout autre pays de l'ancien et même
du nouveau monde, nous aurons tout sujet de
nous féliciter de l'état de notre population.....
Le bonheur n'est pas dans la nature humaine.
Des causes de malheurs individuels s'opposent
à notre complète félicité ; mais du moins on
peut dire, en France, que la plus parfaite simi-

litude dans les droits des citoyens protège les fortunes diverses de chaque individu.

Quel est donc le malheur qui nous poursuit, et qui, dans la classe opulente de la société, produit tant d'aigreur et de malaise?.... N'est-ce pas une calamité bien étrange, celle qui tourmente particulièrement ceux que la fortune a comblés de ses faveurs?.... Toutes les autres classes de la société sont dans un calme complet; leur sort est tolérable. Tous les individus ne peuvent être également jeunes, bien portans, et fortunés: mais nulle part le travail ne manque, et les charités particulières sont venues partout adoucir le sort des véritables indigens, pendant un hiver long et d'une rigueur peu commune, de manière à rendre tolérable l'existence de tous.

Le sort de l'humanité n'est pas de jouir d'une constante félicité : mais il existe peu d'exemples dans l'histoire des siècles, d'un pays où l'on puisse s'appitoyer sur le sort de la classe opulente, où les millionnaires soient effectivement les moins fortunés et les plus à plaindre. Cependant c'est, parmi nous, la classe riche qui ressent le plus vivement son malaise, c'est celle que l'on doit plaindre!....

En effet, trente-deux millions d'hommes sont

heureux à peu près autant que la condition humaine le permet à l'humanité. Nous avons un excellent roi, le souverain le plus gracieux, et dont tout le monde apprécie les vertus et les intentions paternelles! Nous avons eu des malheurs; nous devrions avoir de l'expérience, et, malgré cette réunion d'avantages incontestables, nous ne pouvons supporter notre état politique, nous qui, passant par les époques les plus sanglantes, avons supporté patiemment les plus funestes oppressions civiles et militaires, sommes-nous donc destinés à sortir de cet état tolérable d'ordre social, où nous nous trouvons après tant de sanglantes catastrophes et de ruineux souvenirs?

Examinons les dangers réels dont nous sommes menacés.

Les royalistes veulent ce que veut le roi : ils ne peuvent pas davantage, d'après leurs principes de dévouement....... Quelques royalistes, à la vérité, veulent bien être royalistes, sous la condition d'être nécessaires à la monarchie et de faire leur fortune politique par elle : mais la masse des royalistes veut l'ordre public qui résulte exclusivement de la puissance monarchique plus ou moins limitée! Cet ordre public ne peut donc éprouver de leur part une attente destructive, puisque la volonté du roi fait la base de leur conduite.

La destruction de la Charte ne peut donc venir des royalistes soumis, fidèles, qui ne peuvent qu'obéir au roi; et la Charte ne peut-elle pas comme le monarque avoir des amis brouillons et dangereux, qui seraient, sans le prévoir peut-être, sur le point de créer une féodalité de nouvelle fabrique, qui ne tendrait qu'à concentrer tous les intérêts d'une population de plus de trente-deux millions d'âmes, dans les intérêts d'amour-propre de cent mille électeurs, parmi lesquels il se trouve seulement dix mille éligibles, qui, fomentant les haines à leur profit, formeraient une nouvelle hiérarchie électorale, qui substituerait bientôt ses prétentions ambitieuses à la masse des véritables intérêts nationaux.

Les intérêts que nous avons à protéger ne sont pas nos intérêts directs, ce sont les intérêts généraux de la nation dont la Charte nous a concédé la surveillance..... La Charte n'a pas voulu faire de nous, grands contribuables, une classe à part dans l'état, une classe privilégiée, et lorsque la masse de la nation est heureuse et libre à peu près autant qu'il est possible de l'espérer, est-il convenable que la classe opulente place ses intérêts d'ambition ou d'amour-propre à la place des intérêts généraux de la nation ?

Malgré toutes les ressources de l'esprit d'intrigue pour obscurcir les vérités les plus simples, on ne disconviendra pas que c'est le bonheur de la masse de la nation, qui nous est confié, que c'est d'elle et non de nous que nous avons à nous occuper dans l'esprit de la Charte et selon le désir du roi, père de tous ses sujets.

Examinons quels sont les griefs que l'on reproche au gouvernement, et jusqu'à quel point ces griefs sont fondés.

Les impôts sont excessifs !.... La liste civile est de trente millions !.... Le haut clergé est trop rétribué !.... L'indemnité des émigrés accroit les charges publiques !.... Le commerce va mal !...., etc., etc., etc.....

Je vais répondre à ces observations vulgaires.

Les impôts, les bons impôts sont une richesse publique. Toutes les propriétés s'accroissent par la protection qu'elles reçoivent des lois; il faut payer cette protection, et les bons impôts, les bonnes dépenses publiques sont une mine de richesses pour les états..... Tout le monde aujourd'hui (non cependant aux tribunes publiques, où l'on n'a pas encore abandonné ce cheval de bataille de popularité moderne); tout le monde, dis-je, convient de cette vérité, c'est que la fortune publique, ainsi que la propriété particulière, s'accroît toujours par l'entretien et la complète protection.

Nous en voyons une preuve dans les deux règnes où la France a vu renaître son repos. Elle a fait tête à tous ses malheurs, malgré vingt-cinq années de désastres et d'épuisement; personne ne conteste cette amélioration; mais on veut nier le bienfait pour tirer un parti quelconque de nos agitations..... On veut bien convenir des qualités du monarque et même du bonheur dont la France jouit sous son règne : mais tous les ministres sont voués sur tous points à la haine publique, s'ils ne dévient pas de la ligne monarchique qui depuis deux règnes fait notre prospérité.

Examinons quels sont les reproches que l'on fait à la monarchie. « La liste civile est de trente » millions!... C'est trop cher, et cela grève le » peuple inutilement... Le roi d'Angleterre ne » reçoit que vingt-cinq millions pour sa liste » civile. »

J'étais de la commission de la liste civile, lors de l'avénement du roi! J'ai vu de près la question, et voilà la différence de position entre les deux états... Le roi d'Angleterre n'a point confondu ses propres domaines avec ses états britanniques ; il est resté souverain du Hanovre, tandis que la famille royale a réuni à la couronne de France tous ses biens héréditaires !... La succession du Dauphiné, celle des ducs de Bourgogne et de Bretagne, celle de Henri IV, etc., dépassent de beaucoup le revenu que nos deux rois constitutionnels ont bien voulu consentir à recevoir de l'état : on ne peut donc pas dire que la liste civile est onéreuse à la nation.

« Le haut clergé est trop rétribué ; les curés à la bonne heure, mais le haut clergé !... » A ces clameurs, on se croirait en Angleterre, où le clergé possède des biens immenses. En France, le haut clergé possède strictement ce qui convient à sa dignité ; et l'excédant, s'il en existe, est très-certainement le patrimoine du pauvre.... D'ailleurs qu'est-ce qui fait qu'aujourd'hui les contribuables sont obligés de salarier un clergé ? c'est que les spoliateurs de la révolution, et non les abus de la monarchie, ont dévoré les revenus du clergé, et ont reporté sur le contribuable le fardeau de cette charge publique.

On reproche au gouvernement du roi l'indemnité des émigrés ! « C'est un malheur public comme la grêle, et l'état ne devait rien ! » Le droit de propriété ne pouvait être méconnu dans un régime fondé sur le respect de la propriété. D'ailleurs cet acte de justice était un acte de repos public, et le calme des états ne peut trop s'acheter.

Le commerce va mal; c'est un reproche que l'on fait d'habitude au gouvernement... Tous les biens ont augmenté de valeur ; le travail est partout, l'aisance a gagné les classes pauvres de la société, et le commerce va mal ! L'assertion est matériellement fausse. Le commerce est libre, et tous les genres d'industrie sont exercés librement. Il en résulte une concurrence nécessaire, une rivalité qui ne permet pas des gains aussi faciles; mais le commerce est beaucoup plus étendu ; les plaintes à cet égard sont tout-à-fait erronées, et chaque Français, dans la majeure partie des localités du territoire français, peut apprécier l'amélioration du sort de la population, et c'est là ce qui constitue le plus certainement l'action générale du commerce.

Il est difficile de satisfaire tous les esprits, surtout ceux qui sont bien déterminés à ne pas être satisfaits. On ne convient aujourd'hui, malgré l'amélioration évidente de notre situation sociale, que de la bonté personnelle et paternelle du roi; mais on attaque son règne!... on avilit tous ses choix, on cherche à diffamer toutes ses administrations, mais avec un respect profond, avec un attachement presque sans bornes !

Cependant la tâche d'un monarque, dans un gouvernement représentatif, est-elle sans difficulté ? Ne doit-on pas lui savoir gré du bien qu'il fait, et doit-on ne s'apercevoir que des fautes de son règne ?... Car on peut dire qu'aucun pays, aucun règne, aucune époque, ne présente une amélioration semblable à celle qui s'est opérée en France depuis la restauration, dans le sort de la masse de la population.

Le travail, l'aisance et l'ordre sont partout ; et quoique des ministres se soient culbutés presqu'annuellement depuis cette mémorable époque, cependant les ministères se sont organisés de la manière la plus respectable, et telle, je crois, malgré des améliorations toujours à désirer, qu'il n'existe nulle part une administration plus généralement bien organisée, plus convenable à un grand état, et plus exempte de soupçons sous le rapport de la délicatesse et de la fidélité.

Est-ce cet ordre de choses que l'on veut troubler pour des raisons qui tiennent plus à la vanité des individus qu'au bien-être d'une population immense ?.... Voyons ce que l'on peut espérer ou craindre de la lutte qui va s'engager.

Il est bon d'apprécier à leur juste valeur les clameurs des détracteurs de l'ordre actuel des choses, sur la masse de nos impôts qui s'élèvent à près d'un milliard. Mais sur cette masse, nous payons plus de deux cent cinquante millions d'extravagance de nos temps d'anarchie ou de la république, et de conquêtes sans résultats sous le régime impérial... C'est à nos deux rois, depuis cette époque, que nous devons le repos, l'aisance, la prospérité de la masse de la nation, et l'on décrie successivement, avec une animosité toujours croissante, les hommes auxquels ils ont accordé leur confiance ; on les voue à la haine et au mépris public, parce qu'ils blessent les amours propres, et ne peuvent suffire à toutes les ambitions. Rappelons-nous cependant ce que nous étions en 1814 : ruinés, envahis, pouvions-nous espérer un avenir tolérable ? et le souvenir de nos malheurs se serait totalement évanoui, si de petites passions intestines ne venaient troubler notre repos. Personne ne peut nier le bienfait et la différence de ce que nous sommes à ce que nous pouvions devenir, sans la protection tutélaire de nos souverains légitimes ; et déjà le souvenir de ce bienfait semble s'être effacé de notre souvenir.

Il serait simple que des hommes isolés, malheureux, trouvassent des motifs de regrets dans la félicité publique. On devait s'y attendre, mais non ; le trouble est dans les classes riches de la société, parmi celles qui jouissent le plus immédiatement des bienfaits de la restauration !... Enfin un corps politique, plein de respect et de dévouement pour la personne du monarque, ose dire solennellement à celui qu'il considère comme l'auteur de la félicité publique, que les hommes de son choix n'ont pas la confiance publique, et bénévolement sans aucun motif d'incrimination, sans avoir reçu de la loi, ni de la nation, le droit de juger la conscience des hommes, et lorsque des tribunaux n'oseraient pas prononcer une censure sans délit, un corps politique, sans mission judiciaire, et le moins libéralement du monde, verserait sur le choix du souverain, et despotiquement, la réprobation de la part d'une nation qui connaît à peine M. de Polignac, et qui bien certainement n'a pas d'opinion formée à son égard.

Je ne me permettrai jamais, dans aucun cas, de condamner un homme sans l'entendre, et surtout sans connaître le délit qu'on lui reproche ; et je ne pense pas, quoi qu'en dise la réponse au discours du roi, que la France ait émis une opinion à ce sujet ; du moins pour ma trente-deux millionième partie de la nation française, je déclare que je n'ai donné à personne le droit de diffamer un innocent, fût-ce même un ministre du roi.

Cet enfantillage de la part d'un corps politique, cette bouderie de vieux écoliers (cette décision ne peut avoir d'autre qualification), doivent prouver jusqu'à quel point le gouvernement représentatif est à son enfance parmi nous. Certes, dans le nombre des anciens députés qui se sont fait un mérite d'avoir signé l'adresse, il est très-peu d'hommes qui se permettraient de diffamer un citoyen..... Si dans toute autre profession on osait porter de semblables atteintes à la réputation d'un homme, les tribunaux prendraient fait et cause pour l'individu calomnié. Si l'on disait solennellement d'un notaire ou d'un négociant qu'il n'a pas la confiance publique, certes on serait coupable devant la loi. Comment se fait-il donc qu'une masse d'hommes éclairés et gens de mérite se soient permis publiquement, on pourrait presque dire triomphalement, une invective aussi légalement coupable envers la loi du royaume?

En voici la raison : une des maladies du siècle est l'amour de la popularité! Les trois quarts des personnes qui votaient l'injure illégale au ministre du roi savaient très-bien qu'ils avaient tort; ils blâmaient intérieurement leur résolution, mais ils craignaient l'impopularité et les invectives du journalisme, dispensateur quotidien des réputations populaires, et ils ont cru trouver dans la foule le repos de leur conscience : mais il n'est point de votes secrets lorsqu'il s'agit de popularité; mais l'urne a trahi le secret, le mystère est dévoilé.

Je dois faire remarquer que si je prends le parti de M. de Polignac, c'est sans aucun motif de partialité : je ne le connais pas, et, chose fort étrange, je ne l'ai vu qu'une seule fois en ma vie, lors du fameux procès de Georges et du général Moreau, et je ne l'ai pas aperçu depuis cette époque. C'est uniquement l'injustice dont il est l'objet, qui me fait prendre sa défense; c'est la prérogative royale que je défends uniquement..... Je n'ai point eu de part à la nomination de M. de Polignac, et je ne l'aurais probablement pas conseillée; mais la question n'est pas dans sa nomination : il s'agit d'un ministre, d'un homme, d'un Français que l'on attaque illégalement! C'est un corps de l'état qui commet cette criante infraction aux lois de s'ériger en juge non des faits, mais de la conscience, et je crois utile qu'un homme absolument indépendant de tout esprit d'intrigue et de coterie élève sa faible voix, dans une circonstance tout-à-fait importante à la marche du gouvernement représentatif.

Quel est l'homme d'état, ayant vu la révolution française comme je l'ai vue, qui donnera le conseil au souverain d'abandonner un ministre de son choix, auquel nulle infraction aux lois n'est reprochée? Le bon et malheureux roi Louis XVI a successivement abandonné ses serviteurs fidèles, dans le but de plaire à ses sujets; sa bonté n'a pas désarmé ses ennemis populaires, et cette leçon est trop sévère et trop récente pour être mise si promptement en oubli. Témoin et acteur dans la malheureuse journée du 10 août 1792, je sens vivement les dangers de l'empiétement sur la prérogative royale. Un despote peut céder de son autorité, parce qu'il peut la ressaisir quand il le veut. Un roi constitutionnel ne peut céder une parcelle de sa couronne, parce que c'est reconnaître la diminution de la force protectrice de l'ordre public.

Si le roi renonçait à son ministre, d'après une démarche tellement attentatoire à son autorité, chaque jour de nouvelles exigences viendraient arracher quelques débris de son autorité tutélaire, et céder serait compromettre le repos de la nation, dont les intérêts ne sont point compromis par l'existence ministérielle de M. de Polignac.

Et de quel article de la Charte deux cent vingt-un membres de la chambre des députés ont-ils reçu le droit de diffamer un citoyen?.... L'article 55 de la Charte dit : « La chambre des » députés a le droit d'accuser les ministres et de » les traduire devant la chambre des pairs, qui » seule a le droit de les juger. » Cet article, qui donne à la chambre le droit d'accuser les ministres, lui donne-t-il le droit de les diffamer sans forme de procès?.... Le seul reproche positif fait à M. Polignac est d'avoir hésité de prêter serment à la Charte : il ne l'a pas prêté spontanément, avec enthousiasme..... M. de Polignac croit donc qu'un serment a quelque valeur !......

Un de mes amis récapitulait il y a quelque temps tous les sermens de fidélité contradictoires qu'il avait prêtés depuis le commencement de la révolution : il en était à son dix-septième !.... Lequel vaut mieux des dix-sept sermens de mon ami, ou du serment unique de M. de Polignac? et les hommes qui ont suivi avec plus ou moins d'enthousiasme toutes les phases de la révolution sont-ils ceux qui veulent la Charte avec le plus de constance et de fidélité?

La capacité ministérielle de M. de Polignac est ici parfaitement étrangère à la question ; mais il a prêté son serment, et depuis cette époque je n'ai rien connu de sa conduite qui soit contraire aux lois ; et si, dans mon indépendance, je prends bénévolement et hautement la défense de M. de Polignac, c'est qu'elle est d'un intérêt général, et que l'empiétement sur l'autorité royale est d'un trop grand danger pour la sécurité du pays pour qu'un roi constitutionnel puisse se laisser dépouiller de sa prérogative. Il ne ferait pas son devoir et causerait le malheur de son pays.

Je disais l'autre jour à un libéral de bonne foi : Vous voulez un gouvernement représentatif, n'arrêtez donc pas sa marche..... Prouvez au monde, qui nous observe, qu'un gouvernement si bien combiné sur le papier, qu'un ordre de choses si désirable en apparence, ne sont pas des rêveries inexécutables de félicité publique !...... Nous avons un excellent roi, une administration sagement organisée ; la population pauvre n'est cependant pas dans la misère ; prouvons à l'univers qu'un gouvernement représentatif n'est pas une chimère et qu'il peut faire le bonheur et la gloire de l'humanité........

Plaçons bien notre confiance..... Choisissons nos représentans comme nous choisirions des tuteurs à nos fils ou à nos neveux..... Ce sera concourir au vrai désir, aux vœux d'un monarque qui veut sincèrement notre bonheur. Aidons l'action légale de son gouvernement, n'attelons pas des chevaux fougueux au char de la fortune publique, et ne cherchons la popularité que là seulement où se trouve la félicité publique.